AF356849

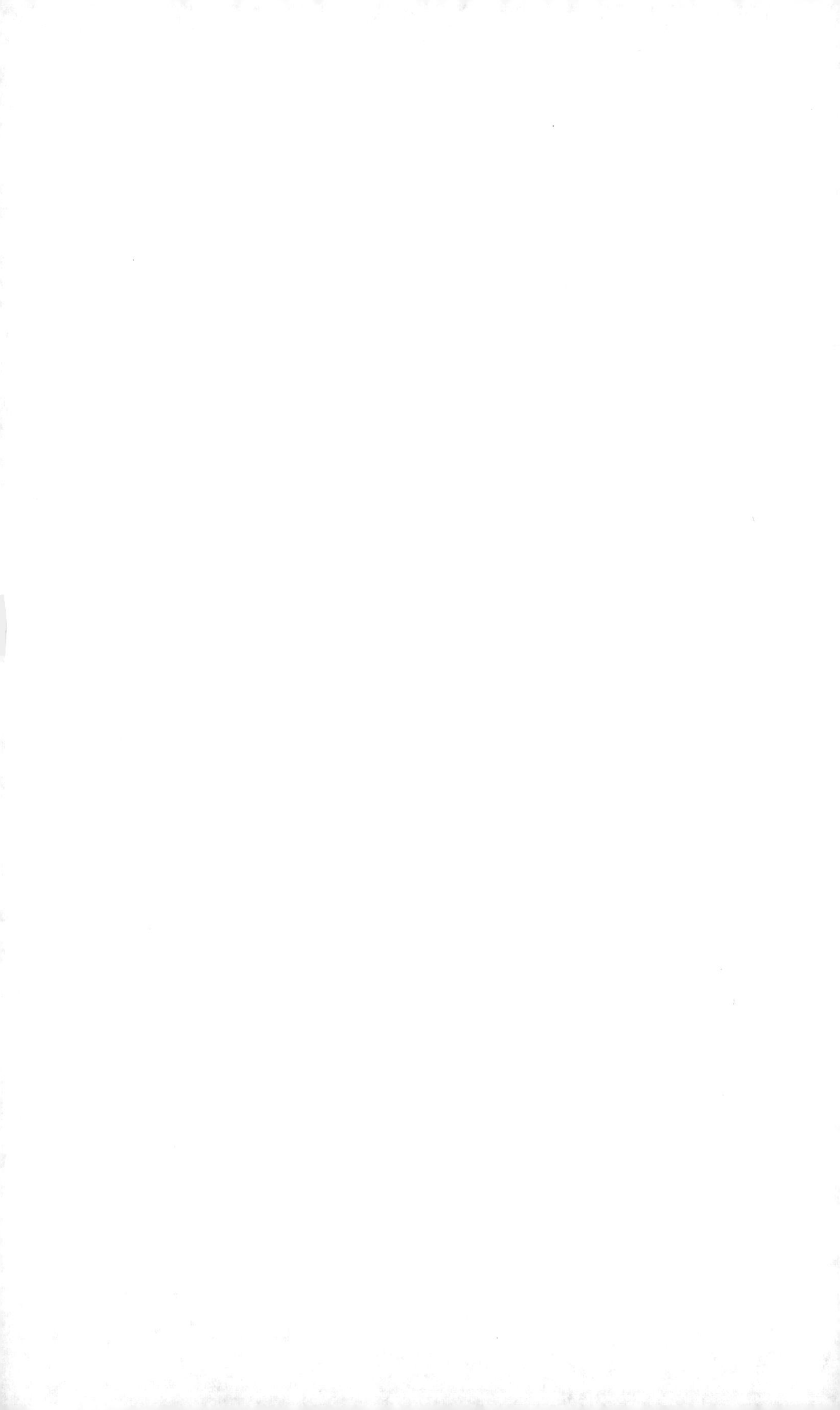

# VENTE

## DES MARDI 13 ET MERCREDI 14 NOVEMBRE 1906

## HOTEL DROUOT, SALLE N° 2

A DEUX HEURES

# Objets d'Art anciens et Curiosités

## PORCELAINES ET FAIENCES

### VERRERIE — ARMES — CUIVRES — ÉTAINS

ARGENTERIE — TABLEAUX ANCIENS

## BRONZES D'AMEUBLEMENT — PENDULES

### BOIS SCULPTÉS

SIÈGES — MEUBLES — ÉTOFFES

# Tapisseries anciennes

## ETC., ETC.

## Le tout provenant du Château de Vierville (Calvados)

---

## EXPOSITION PUBLIQUE

## LE LUNDI 12 NOVEMBRE 1906

DE 1 HEURE 1/2 A 5 HEURES 1/2

---

| COMMISSAIRE-PRISEUR | EXPERTS |
|---|---|
| M° F. LAIR-DUBREUIL | MM. PAULME & B. LASQUIN FILS |
| 6, rue de Hanovre | 10, rue Chauchat \| 12, rue Laffitte |

# PARIS

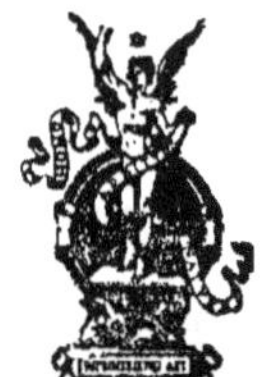

NOTICE SOMMAIRE

DES

# OBJETS D'ART ANCIENS ET CURIOSITÉS

## PORCELAINES ET FAIENCES ANCIENNES

D'Alcora, Bayeux, Chelsea, Chine, Compagnie des Indes, Japon
Meissen, Paris, Vienne, Rouen, Strasbourg, etc.

NOMBREUSES PIÈCES DE VERRERIE ANCIENNE DU XVIIIᵉ SIÈCLE

QUANTITÉ DE CUIVRES ET ÉTAINS ANCIENS

### ARGENTERIE, PLAQUÉ

Armes européennes et exotiques

## BOIS SCULPTÉS — BRONZES D'AMEUBLEMENT — PENDULES

BRONZES DE LA CHINE ET DU JAPON

Tableaux anciens — Instruments de musique

SIÈGES ET MEUBLES ANCIENS

Étoffes, Soieries, Broderies, Tapisseries au point

## DEUX SUITES DE TROIS TAPISSERIES DES FLANDRES DU XVIᵉ SIÈCLE

OBJETS DIVERS, ETC., ETC.

**Le tout provenant du Château de Vierville (Ca       )**

ET DONT LA VENTE AUX ENCHÈRES PUBLIQUES AURA LIEU

# HOTEL DROUOT, SALLE Nº 2

## Les Mardi 13 et Mercredi 14 Novembre 1906

*à deux heures*

COMMISSAIRE-PRISEUR
Mᵉ F. LAIR-DUBREUIL
6, rue de Hanovre

EXPERTS
MM. PAULME & B. LASQUIN FILS
10, rue Chauchat | 12, rue Laffitte

PARIS

EXPOSITION PUBLIQUE

**Le Lundi 12 Novembre 1906, de 1 h. 1/2 à 5 h. 1/2**

# CONDITIONS DE LA VENTE

Elle sera faite au comptant.

Les adjudicataires payeront *dix pour cent* en sus des enchères.

Paris. — Imprimerie de l'Art, E. Moreau et Cⁱᵉ, 41, rue de la Victoire.

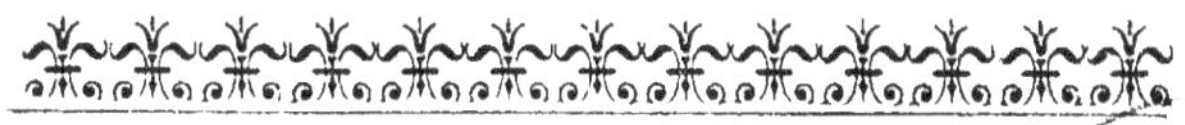

# DÉSIGNATION SOMMAIRE

## TABLEAUX ANCIENS, GRAVURES

Décorations, gravures anciennes, sujets de chasse,
d'après C. VERNET, par DEBUCOURT, etc.

## PORCELAINES

### ET FAIENCES ANCIENNES

Quantité d'assiettes, plats, vases, potiches, soupières,
flambeaux, groupes, figurines, tasses et sou-
coupes, etc., etc. des fabriques d'Alcora, Bayeux,
Chelsea, Chine, $C^{ie}$ des Indes, Japon, Meissen,
Paris, Rouen, Strasbourg, Vienne, etc., etc.
(Environ 500 pièces.)

Plusieurs groupes et figurines en porcelaine tendre
de Chelsea, décorée en couleur.

Services à café en ancienne porcelaine de Paris et
de Vienne.

Service à thé ou café en ancienne porcelaine de
Meissen, à décor coréen, comprenant : 11
tasses et soucoupes, bol à punch, pot à lait,
théière, cafetière, boite à thé, sucrier, petit
plateau.

Service à dessert en porcelaine de Bayeux, décorée
en couleur et dorure, dans le goût de Derby, et
comprenant 68 pièces : 36 assiettes, 10 compotiers plats, 4 compotiers à piédouche, 12 tasses
et soucoupes, compotier couvert, 2 confituriers,
cafetière, sucrier, petit plateau.

Partie de service de table en ancienne porcelaine de
la C^ie des Indes, à décor de fleurs en couleur,
dorure et armoiries *(famille Piedañel?)* comprenant 92 pièces : 71 assiettes plates ou
creuses, 17 plats de forme et grandeur variées,
4 salières.

Assiettes, tasses et autres en ancienne porcelaine
de l'Inde ou du Japon.

## VERRERIE ANCIENNE

Verres ou gobelets dorés ou gravés du XVIII^e siècle ;
carafons, flacons, biberons, plateaux, bougeoirs,
etc. (Environ 240 pièces.)

## CUIVRES

Réchauds, vases, saucières, cuillers, écumoires,
balances, ustensiles divers. (Environ 70 pièces.)

## ETAINS

Vaisselle plate, assiettes, écuelles, plats, pichets,
mesures, etc. (Environ 220 pièces.)

## ARGENTERIE, PLAQUÉ

Paire de flambeaux en argent. Orfèvrerie de table
en plaqué.

## ARMES
### EUROPÉENNES ET EXOTIQUES

Epées, rapières, sabres, poignards, stylets, dagues,
couteaux, haches, masses, hallebardes, etc.
Armes sauvages et curiosités exotiques. (Environ 120 pièces.)

## BOIS SCULPTÉS, IVOIRES, OS

Objets en ivoire sculpté. Coffret avec plaques d'os
gravé. Baromètres, miroirs, glaces, cadres,
socles, bas-reliefs, statuettes, etc., en bois
sculpté.

## INSTRUMENTS DE MUSIQUE

Harpe Empire avec sa gaine. Guitare.

## BRONZES ET OBJETS
### DE L'EXTRÊME-ORIENT

Divinités, vases, chimères, socles, figurines, etc.

# BRONZES D'AMEUBLEMENT
## PENDULES

Bras-appliques, lustres, flambeaux, lampes juives.
Petite pendule Régence, avec socle cul-de-lampe, en
marqueterie d'écaille et cuivre avec bronzes.

Pendules d'époques diverses.

## SIÈGES ET MEUBLES ANCIENS

Fauteuils garnis d'ancienne tapisserie au point.

Tabourets et sièges divers.

Ameublement de salon du temps de Louis XV, comprenant : deux bergères et six fauteuils en bois
sculpté à fleurettes ; il est recouvert de velours
rouge moderne.

Plusieurs armoires normandes, vaisseliers, armoire-
buffet, commode, horloges, etc., en bois sculpté.

Grand buffet à deux corps, ouvrant à quatre portes,
en bois mouluré et sculpté. Epoque Louis XV.

## ÉTOFFES ANCIENNES

Costumes, habits et gilets, en soie, velours ou satin
brodé ou broché en couleur des époques
Louis XV et Louis XVI.

Etoffes anciennes, ornements d'église, broderies,
étoffes chinoises ou japonaises.

# TAPISSERIES ANCIENNES

*Suite de trois tapisseries flamandes* du commencement du XVIᵉ siècle, représentant en divers scènes à personnages avec inscriptions, en vieux Français : *les Amours de Gombault et Macée.* Petite bordure d'encadrement.

Dimensions approximatives de chacun des panneaux :
Larg., 2ᵐ 50 cent. ; haut., 2ᵐ 50 cent.
Larg., 2ᵐ 50 cent. ; haut., 2ᵐ 50 cent.
Larg., 2ᵐ 45 cent. ; haut., 2ᵐ 40 cent.

*Suite de trois tapisseries flamandes* du XVIᵉ siècle, représentant chacune des *fêtes* avec nombreux personnages dans des jardins. Larges bordures d'encadrement avec médaillons, arabesques, chutes de fleurs et fruits.

Dimensions approximatives de chacun des panneaux :
Larg., 4ᵐ 60 cent. ; haut., 2ᵐ 95 cent.
Larg., 3ᵐ 95 cent. ; haut., 3 mètres.
Larg., 3 mètres ; haut., 3 mètres.

*Six bandes verticales* provenant d'encadrement de tapisseries flamandes du XVIIᵉ siècle.

*Bandeau de cheminée* et *fragments divers* en ancienne tapisserie au point du XVIIᵉ siècle.

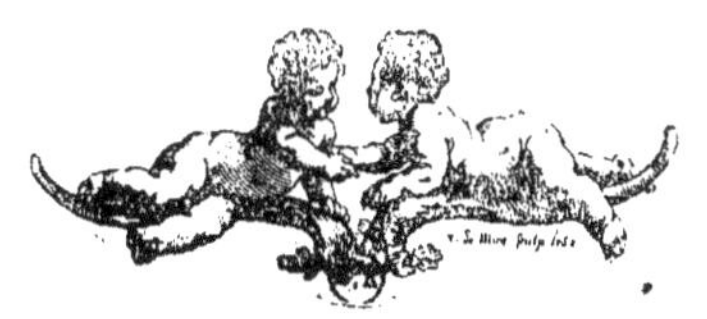